Libro ganador del xvııı Concurso de Álbum Ilustrado A la Orilla del Viento.
El jurado estuvo conformado por Andrea Fuentes, Mauricio Gómez Morin y Javier Sáez Castán.

A mis padres, con amor infinito.

R.Y.

Primera edición, 2015

Ycaza, Roger y María Fernanda Heredia
    Los días raros / Roger Ycaza, María Fernanda Heredia.
— México : FCE, 2015.
    [40] p. : il. ; 29 × 21 cm — (Colec. Los Especiales de
A la Orilla del Viento)
    ISBN 978-607-16-2630-1

    Literatura infantil I. Heredia, María Fernanda, coaut. il. II.
Ser. III. t.

LC PZ7   Dewey 808.068 Y336d

Distribución mundial

© 2015, Roger Icaza y María Fernanda Heredia

D. R. © 2015, Fondo de Cultura Económica
Carretera Picacho Ajusco 227, Bosques
del Pedregal, C. P. 14738, México, D. F.
www.fondodeculturaeconomica.com
Empresa certificada ıso 9001:2008

Colección dirigida por Socorro Venegas
Edición: Marisol Ruiz Monter
Diseño: Miguel Venegas Geffroy

Comentarios y sugerencias:
librosparaninos@fondodeculturaeconomica.com
Tel.: (55)5449-1871. Fax: (55)5449-1873

ISBN 978-607-16-2630-1

Impreso en México • *Printed in Mexico*

Se terminó de imprimir y encuadernar en abril de 2015 en
Impresora y Encuadernadora Progreso, S. A. de C. V. (ıepsa),
calzada San Lorenzo 244, Paraje San Juan, C. P. 09830, México, D. F.

El tiraje fue de 10 000 ejemplares.

Los días raros

Roger Ycaza • María Fernanda Heredia

LOS ESPECIALES DE
A la orilla del viento
FONDO DE CULTURA ECONÓMICA
MÉXICO

Hay días raros. Se disfrazan de días normales,
pero no lo son.

Han despertado mis ojos, mi nariz, mis orejas…

pero mi sonrisa ¡no está!

Esa señora se parece a mi mamá, pero los girasoles de su vestido aún no han florecido.

Hasta la taza de chocolate está rara. Hoy no hay espuma de bienvenida, sólo un gran ojo de lechuza.

Abro la puerta muy despacito. En días como éste,
un dragón o un trueno se podría meter.

Cuento mis pasos: uno, dos, cinco, treinta y siete…

Pero el tiempo corre y dejo de contar.

Algo me dice que necesito volar.

Hoy, el parque tampoco es normal. La banca suspira
cuando me ve pasar.

No me gustan los días raros.

A lo lejos, el sonido del viento nos anuncia la salida
del último autobús.

"Todo estará bien", me dice mamá.

Lo único bueno de los días raros es que se aburren…

y se van.

Quizá mañana, cuando despierte, encuentre de nuevo
mi sonrisa y hayan florecido los girasoles.